Burgen und Schlösser in Ostfriesland

Das westliche Ostfriesland zählt zu den ältesten christianisierten Gebieten Norddeutschlands; alte Kirchen sind in ihrer Bausubstanz dafür Zeugen. Politisch hat sich dieses Gebiet wie das übrige Ostfriesland im Mittelalter relativ autonom entwickeln können. Alte Häuptlingssitze als feste Häuser, Burgen und Schlösser sind Relikte einer bewegten Vergangenheit.

Carl Woebcken, Pastor und Chronist aus Sillenstede, schrieb 1922 in seinem Buch „Friesische Schlösser“: „... Die steinerne Mauer stieg aus dem Graben hervor. Die friesischen Burgen sind alle Wasserburgen, wie das ganze deutsche Tiefland sie hat. Der Grundriss ist viereckig. Aber die dicken Mauern des Steinhauses sind nur die Zuflucht für die äußerste Not. Sie boten nur Raum für wenig Menschen. Wo blieb das Vieh? Wo blieb die Ernte? Da zieht der Burgherr noch einen zweiten Graben um den ersten herum. Zwischen beiden stehen die Wirtschaftsgebäude. Den Platz, den diese freilassen, füllt der Wall aus, dessen Erde aus dem Graben genommen ist. Wall und Wirtschaftsgebäude bilden die Vorburg. Je weniger man eine Belagerung fürchtet, umso wohnlicher wurden die Burgen eingerichtet, umso köstlicher ausgeschmückt. Das Steinhaus wird zum Schloss.“

Aber was ist aus den einstmals so zahlreichen Burgen geworden. Von den 130 Burgen sind nur noch wenige übrig geblieben. Nur 12 der ehemaligen Wasserburgen sind – mehr oder weniger gut erhalten – heute noch zu finden.

Die meisten dagegen sind völlig vom Erdboden verschwunden, und man

Evenburg Leer-Loga, Torhaus

weiß von ihnen nur noch aus alten Urkunden, aus Flurnamen, aus Sagen und mündlichen Überlieferungen. Wie konnte das geschehen?
Viele Burgen wurden schon während der Kämpfe, die ihre Besitzer untereinander führten, zerstört; denn wenn ein Häuptling eine fremde Burg – meist durch langwierige Belagerung und oft unter viel Blutvergießen – erobert hatte, dann wurde sie „geschleift". Man stieß die Mauern ein und machte die Gräben unbrauchbar, damit sie nicht so bald wieder als Verteidigungsanlage benutzt werden konnte. Sehr oft wurden auch die Steine der Burg, die ja in jener Zeit sehr wertvoll waren, abgefahren und zur weiteren Verstärkung der eigenen Burg benutzt.
Auch außerhalb des Landes gab es Feinde. Die Häuptlinge jener Jahrhunderte sahen es als ihr gutes Recht an, ihre Macht auf jede Art zu erweitern. So betrieben und unterstützten sie den Seeraub. Sie gewährten den Seeräubern Schutz und stellten ihnen ihre Burgen als Stützpunkte zur Verfügung. Dies führte zu schweren Fehden mit den Hansestädten, die Kriegsschiffe mit Truppen nach Ostfriesland schickten. Erfahrene und raue Krieger, denen die Bauern und Kriegsknechte der ostfriesischen Herrlichkeiten nicht gewachsen waren, eroberten eine Reihe von Burgen und machten sie dem Erdboden gleich, so die Attenaburg in Norden und die Burgen der tom Broks in Wittmund und Aurich.
Um das Jahr 1500 überzogen Söldner des Herzogs von Sachsen das Land mit Krieg. Viele Burgen fielen in dieser „sächsischen Fehde" den fremden Landsknechten in die Hände und wurden abgebrannt und geschleift. Die starke Hand der Cirksenas befriedete schließlich das ganze Land. Sie dehnten ihre Macht über ganz Ostfriesland

Stammwappen der Cirksena

aus, sodass die Fehden im Innern abnahmen und ruhigere Zeiten eintraten. Doch mit der Vervollkommnung der Waffen verloren die kleinen Burgen ihre Bedeutung. Da sie auch den Wohnansprüchen ihrer Besitzer bald nicht mehr genügten, wurden die meisten nicht wieder aufgebaut. Man ließ sie verfallen oder baute moderne Gebäude auf ihre Fundamente.
Das eigentliche „Burgensterben" aber begann mit dem Regierungsantritt Friedrich d. Großen (1744). Viele Burgen, die bis dahin noch gut erhalten waren und von früherer Tatkraft und Baukunst zeugten, wurden auf Befehl des neuen Landesherrn, der ihre weitere Erhaltung als Verschwendung ansah, dem Erdboden gleichgemacht, so u. a. die Burgen in Greetsiel, Wittmund, Emden und Berum.
Manche Burgen, die diese Zerstörung überstanden, sind in Jahrzehnten der Geldknappheit oder der Gedankenlosigkeit der Menschen zum Opfer gefallen. Die Burgen in Grimersum und Oldersum sind langsam zusammengefallen und abgetragen worden. Der letzte Krieg vernichtete die Klunderburg in Emden und fügte der Lütetsburg schwere Schäden zu. So blieben

nur noch wenige Zeugen aus ferner Vergangenheit.
Aber diese Steinhäuser, Burgen und Schlösser, die an den schönsten Orten in Ostfriesland liegen, erzählen ihre ganz eigene Geschichte, und die ist alles andere als langweilig.
Folgen Sie mir auf einer Zeitreise durch gut 800 Jahre friesischer Geschichte. Denn hier wohnten die ersten im Lande, alte, stolze Geschlechter. Der Ruhm Ostfrieslands verbindet sich mit ihren Namen.

An weiser Väter Taten mit Liebe
sich erbaun;
Fortpflanzen ihre Saaten, dem alten
Grund vertraun.

Ludwig Uhland

Modell der Schlossanlage Aurich um 1700 im Historischen Museum

Schloss in Aurich

Die älteste Siedlung (Aurec howe) lag um die wahrscheinlich im 12. Jahrhundert von den Grafen von Oldenburg gestiftete Lambertikirche, deren an der Hauptstraße stehender wuchtiger Glockenturm noch heute das Stadtbild beherrscht. In der Geschichte Ostfrieslands spielt das ungefähr in der Mitte des Landes liegende Aurich eine bedeutsame Rolle, seitdem in den 70er Jahren des 14. Jahrhunderts das Häuptlings-Geschlecht tom Brok von der Oldeborg im Brokmerland hierher übergesiedelt war. Der erste Burgherr, Ritter Ocko, wurde 1391 von seinem Feind, Folkmar Allena, besiegt und unter Hausarrest gesetzt. Als Ocko sich nach einer ergebnislosen Verhandlung,

Schlosseingang

die in einem Hause des Fleckens mit seinem Besieger stattfand, auf seine Burg zurückbegeben wollte, wurde er von Folkmars Anhängern verfolgt und vor der Burg unter den Augen seiner Frau ermordet. Nach Ockos Tod regierte seine Witwe Folkeldis (bekannt als „Quade Foelke“), weil beider Sohn Keno noch minderjährig war. Im Jahre 1400 wurde Keno – wegen Unterstützung der Seeräuber – auf dem Gerichtstage zu Emden gezwungen, seine Burg den Hanseaten auszuliefern. Er bekam sie allerdings im Jahre 1402 zurück.

Seine Mutter erhielt den berüchtigten Namen „Quade Foelke“, weil sie aus Rache die von Keno bei der Eroberung der Osterhuser Burg gefangen genommenen Junker Ayelt Allena und Ailt von Flandern in ein Verlies der Auricher Burg steckte und elendig verhungern ließ. Ihre zweite große Schandtat bestand darin, dass sie ihren Schwiegersohn Lütet von Nesse, der ihre sich übel aufführende Tochter Occa erschlagen hatte, zusammen mit seinem Vater, Hero von Dornum, um 1409 enthaupten ließ. Zuvor hatte sie Lütet zu diesem Mord angestachelt. Kenos Sohn, Ocko der Jüngere, war mit Ingeborg von Oldenburg vermählt und somit Schwiegersohn des Grafen von Oldenburg. 1427 wurde Ocko in der Schlacht auf den „wilden Äckern“ von Focko Ukena entscheidend besiegt. Okkos Burg in Aurich wurde besetzt und von Focko noch stärker befestigt. Fockos Sohn Udo wurde als Kommandant der Burg eingesetzt. Die Herrschaft der Ukenas sollte jedoch nicht von langer Dauer sein. Mit dem Ziel der Vernichtung dieses Häuptlingsgeschlechtes wurde im Jahre 1430 besonders auf Anregung der Cirksenas auf dem Upstalsboom bei Aurich der „Bund der Freiheit“ geschlossen und ein Heerhaufen zusammengetrommelt. Unter dem Befehl von Enno von Greetsiel und dessen Sohn Edzard wurde Aurich angegriffen. Nach langer Belagerung musste Udo kapitulieren. Er durfte sich mit seiner Frau zwar nach Norden begeben, die Burg aber wurde geschleift, um „der allgemeinen Freiheit nicht mehr zu schaden".

1438 erkannten die Auricher die Cirksena als ihre Herren an. Ulrich Cirksena ließ 1447 in Aurich ein Schloss errichten, das den späteren Grafen und Fürsten als Residenz diente. 1539 verlieh das gräfliche Brüderpaar Enno II. und Johann Cirksena dem Ort städtische Rechte.

Das von Ulrich erbaute von Mauern und Graben umgebene Schloss war ein dreigeschossiges Viereck mit vier Ecktürmen gekrönt. Zwischen den Flügeln befand sich der innere Burghof. 1568 wurde das Schloss durch einen nächtlichen Brand stark beschädigt. Erst 10

Schlossturm

Marstall – Neue Kanzlei

Jahre später wurde es durch Graf Edzard II. völlig wieder hergestellt. Ein besonderes Kleinod dieses Schlosses war die Silberkammer. 1744 wurde das Inventar nach dem Tode des letzten Fürsten auf Befehl Friedrich des Großen verkauft. Im Jahre 1819 wurde der Graben um das innere Schloss zugeworfen und der Wall vor dem Schloss abgetragen. 1745 standen auf den Wällen noch 47 Kanonen und neun Mörser, die im gleichen Jahr verkauft wurden. Auch die Schlossgebäude verfielen allmählich.

1852 wurde das Cirksena-Schloss unter dann hannoverscher Herrschaft (1815-1866) zum Teil niedergerissen und durch den heutigen Schlossbau ersetzt. Auf dem Schlossgelände entstand ein Gebäude im englischen Tudorstil des Historismus. Von der alten Burg wurde der untere Teil des Südflügels mit Turm in den neuen Bau integriert. Insgesamt musste die königliche Domänenkammer rund 60.000 Reichstaler investieren.

Das Schloss war von Anfang an nicht zu Wohn- und Repräsentationszwecken gedacht, sondern diente als Verwaltung der hannoverschen Regierung. Später wurde es Sitz der Bezirksregierung. Heute ist hier neben der Oberfinanzdirektion Niedersachsen – Landesweite Bezüge- und Versorgungsstelle auch das Landgericht untergebracht.

Auf dem Vorplatz befinden sich zwei schöne liegende Sandsteinlöwen von 1729 auf geschmückten Postamenten, die ursprünglich vor der abgerissenen Hauptwache der ehemaligen Burg standen.

Der Marsstall – Neue Kanzlei

Der Marstall ist das älteste erhaltene Gebäude im Schlossbezirk. Es ist ein lang gestreckter zweigeschossiger Backsteinbau mit Mansarddach. Auf der dem Schloss zugewandten Seite gibt es eine offene Arkadenreihe, darüber ein Balkon mit schmiedeeiserner Brüstung. Darin eingearbeitet die Initialen der Bauherrn G. und A. Der Marstall wurde 1588 von Graf Edzard II. errichtet, als dieser Aurich zur Residenzstadt ausbaute. Im Erdgeschoss befand sich der höfische Pferdestall, im Obergeschoss sechs Herrengemächer. 1731-32 ließ der Cirksena Fürst Georg Albrecht das Obergeschoss von seinem Baumeister Anton Heinrich Horst in barocker Form umgestalten.

Marstall – Arkadengang

Marstall, Giebel: Detail

Im Obergeschoss wurden zu dieser Zeit das fürstliche Archiv, die Rentkammer, Kanzlei und Hofgericht untergebracht, daher auch die Bezeichnung Neue Kanzlei. In preußischer Zeit bis zum Ende des Ersten Weltkrieges war in dem Gebäude eine Kaserne untergebracht; später war es viele Jahre eine Mietskaserne, und danach wurde es wieder als Behördenhaus eingerichtet.

Burg Berum: Wappen der Fürstin Christine Charlotte, geb. Herzogin von Württemberg, über der Vorburg

Burg Berum

Der Ort war im Mittelalter Häuptlingssitz der Famile Syrtzena oder Syertza und ging später an die Cirksena über. 1455 fand hier die Hochzeit des Häuptlings und späteren Reichsgrafen Ulrich Cirksena mit Theda Ukena, der Enkelin des berühmten Focko Ukena, statt. In der „Sächsischen Fehde" (1514-1518) wurde die Burg erfolgreich vom Drosten Hayko von Wicht gegen die Übermacht der Gegner Edzards des Großen (1462-1528) verteidigt. Damals starrten Eckturm und Wall von Waffen, und unverrichteter Sache musste der Feind abziehen. Edzard war als „Vater des Volkes" bei seinen Ostfriesen beliebt, die auch treu zu ihm hielten, als der Kaiser die Reichsacht über Edzard verhängte und 24 Fürsten mit ihren Kriegsvölkern beutegierig in das reiche Ostfriesland einmarschierten. Diese „Sächsische Fehde" hätte ihm fast die Grafschaft gekostet, die unter seiner Herrschaft die größte Ausdehnung erreichte. Sie reichte von der Weser bis Groningen. Festung nach Festung fiel dem übermächtigen Feind in die Hände, bis der Tod des feindlichen Anführers, des Herzogs Heinrich von Braunschweig-Wolfenbüttel, vor der Festung Leerort die Wendung brachte. Es gelang Edzard, den Krieg erfolgreich zu beenden und sich in offener Aussprache mit Kaiser Maximilian aus der Reichsacht zu lösen.

Später war die Burg Berum wiederholt Witwensitz der ostfriesischen Gräfinnen und Fürstinnen aus dem Hause Cirksena. 1600 wurde hier der Berumer Vertrag abgeschlossen, durch den das Harlingerland mit Ostfriesland vereinigt wurde. Im 30-Jährigen Krieg war die Burg zeitweise Hauptquartier des Kaiserlichen Obersten Graf Gallas. Als Graf Rudolf-Christian von Ostfriesland 1628 dort weilte, um bei Gallas Erleichterungen von den Einquartierungskosten zu erreichen, wurde er bei einem Streit mit einem kaiserlichen Offizier durch einen unglücklichen Zufall ersto-

Burg Berum, Torhaus

chen. Der letzte regierende Cirksena, Karl Edzard, feierte hier 1734 seine Hochzeit mit der Prinzessin Sophie-Wilhelmine von Brandenburg-Bayreuth. Der größte Teil der Burg wurde 1764 durch Friedrich den Großen abgerissen. Die wuchtige Vorburg blieb als Amtssitz bewahrt. 1930 verkaufte der Staat die Burg an Fürst Knyphausen. Berum diente bis 1959 als Witwensitz der Fürstin Theda zu Inn- und Knyphausen. Die Burg befindet sich heute in Privatbesitz und ist nur von außen zu besichtigen.

Steinhaus in Bunderhee

In Bunderhee nahe Bunde steht die wahrscheinlich älteste Burg Ostfrieslands, bekannt als „Steinhaus". Der Sage nach ist es schon zur Zeit der Normannenzüge (Wikinger) im 9. oder 10. Jahrhundert erbaut worden. Es sollte als Bollwerk gegenüber diesen verwegenen Freibeutern dienen. Letztere sollen aber an der 1509 im Dollart versunkenen Stadt Torum vorbei die „Alte Riede" hinauf bis vor die Burg gekommen sein, sie eingenommen, um sie als Stützpunkt zur Beherrschung des Rheiderlandes zu benutzen. An der Nordwand des „Steinhauses" befinden sich noch Reste von Ankerringen, woran die Eroberer ihre Schiffe vertäut haben sollen. Es ist jedoch wahrscheinlicher, dass die Burg erst zwischen 1100 und 1200 errichtet wurde. Es müssen besondere Privilegien vorgelegen haben, denn bis ins 14. Jahrhundert hinein durfte sich nach allgemein geltendem Gesetz kein Friese ein Haus aus Stein erbauen lassen, das höher als 12 Fuß war. Auch durfte es weder von Mauer, noch Graben umringt sein. Möglich ist aber auch, dass den

Bunderhee: Wappen der Familie von Heteren, Baudatum

Bauherrn diese Gesetze nicht schreckten. Weder Sage noch schriftliche Überlieferung wissen zu berichten, wer den Bau veranlasste und welche Geschlechter es besaßen. Vielleicht waren es die tom Broks, weil diese Mitte des 14. Jahrhunderts die Oberhoheit über das Ober-Rheiderland hatten. Wie aus einer Deichakte ersichtlich, war 1391 ein Häuptling Okkel Noneka Besitzer der Burg. Aus einem Grenzvertrag von 1420 ist zu erfahren, dass Gata Nomka dessen Nachfolger war. 1471 verstarb Luwert Sanninga, Häuptling zu Bunde und Besitzer des Steinhauses. Bis ins 17. Jahrhundert hinein ist über weitere Besitzverhältnisse nichts bekannt. Die um 1600 eingewanderte Familie Fighe (Ficinus) kam in den Besitz der Burg, die dann durch die Heirat der Erbtochter Catharina Fighe mit dem Holländer Tiberius van Heteren 1634 in die Hände der holländischen Adelsfamilie kam.

Johannes van Heteren ließ 1712 den baufällig gewordenen größten Teil des alten Hauses abreißen und westlich des alten Westbaues das „Neue Haus"

Eingang Flügelbau von 1712

Turmhaus

Steinhaus Gesamtansicht

ausführen. Die Nordhälfte des Neubaues entstand 1712, der südliche Teil 1735. Der Nordteil enthält einen großen Saal nebst Wohnstube und Verbindungsraum zum Altbau. Die Südhälfte besteht aus zwei Stuben, Küche und Flur, Der Altbau, ein Turmhaus, liegt quer hinter diesem Bauwerk. Er ist 15,50 m lang, 7,50 m breit und rund 17 m hoch. Die Backsteinmauern sind 1,5 m dick. Der alte Eingang liegt 3 m hoch in der Westwand des ersten Obergeschosses. Er war nur über eine Leiter erreichbar, die im Falle eines Feindesangriffs hinaufgezogen werden konnte. Das „Turmhaus" in Bunderhee war ursprünglich ein reiner Speicher – Schutzbau, in dem man Leib und Gut vor Angriffen und Zugriffen bergen konnte; es bot Sicherheit und Zuflucht während Kriegswirren und Notzeiten. Aufgrund einer Bauaufnahme ist festgestellt worden, dass das Steinhaus im Gegensatz zu anderen Turmhäusern zunächst keinem Wohnzweck gedient hat, sondern erst seit dem Einbau eines Kamins um 1500 bzw. im späten 15. Jahrhundert. Die Innenräume des Turmhauses vermitteln einen lebendigen Eindruck der Wohnatmosphäre im 16. Jahrhundert. Zu dieser Zeit waren die bewahrten Kaminanlagen vorhanden und schufen die Voraussetzung für eine ständige Bewohnbarkeit des Hauses. Im ersten Geschoss befindet sich ein gotischer Kamin aus der Zeit um 1500, und im zweiten Geschoss ist ein Renaissance-Kamin aus der Zeit um 1560 erhalten.

Beningaburg Dornum (Osterburg)

Die Osterburg wird nach der früheren Besitzerfamilie auch Beningaburg genannt. Die Familie stammte aus Grimersum. Die Burg war eng und klein. Sie gibt ein getreues Bild davon, wie die kleinen Häuptlinge Ostfrieslands wohnten. Von der Burg sind zwei Gebäudeflügel erhalten. Der zweigeschossige Ostflügel stammt gemäß einer Inschrift aus dem Jahre 1567.

Er besitzt eine Durchfahrt unter einem Korb- und Kielbogen. Die Datierung verweist auf einen Umbau unter Folkmar II. Beninga. Der eingeschossige Südflügel enthält den Rittersaal, in dem ein Kamin bewahrt ist. Bauherr war Boyung Beninga (1630-1677). Zum Innenhof gehören ein Portal mit der Datierung 1669 sowie den Wappen Beninga, Allena (1. Frau) und Ehrentreuter (2. Frau). Im Innenhof ist der alte Burgbrunnen erhalten. Heute befindet sich ein Restaurant- und Hotelbetrieb in der Burg, die daher besichtigt werden kann.

Beningaburg – Innenhof

Beningaburg

Norderburg, Schlossbrücke

Norderburg Dornum

Dornum vermittelt besonders anschaulich einen alten ostfriesischen Häuptlingsort. Mit Nesse zusammen bildete Dornum einst eine Herrlichkeit. Um 1400 waren drei Burgen vorhanden: Die Norderburg, die Oster- oder Beningaburg sowie die Westerburg.

Die Norderburg besaß einst Hero Attena, einer der ersten bekannten Häuptlinge des Ortes. Sein Sohn Lütet war mit Occa, Tochter der bösartigen „Quaden Foelke", verheiratet und erschlug diese auf Anraten ihrer eigenen Mutter wegen Untreue und Aufsässigkeit. Lütet floh von seiner schwachen Burg in Nesse zu seinem Vater auf die Norderburg. Wutschnaubend folgte ihm seine Schwiegermutter nach Dornum und zwang die auch nicht besonders starke Burg 1397 zur Übergabe. Sodann soll sie Vater und Sohn im Innenhof der Norderburg enthaupten lassen haben. Beninga berichtet darüber: „... leet de vader up een bruin leidisch laken" und seinen Sohn „up een groen leidisch laken dat hoevet ofhouwen." Die bei diesem Rachezug zerstörte Burg wurde von Mauritz Cankena, einem der Erben, wieder instand gesetzt. In der sächsischen Fehde wurde sie 1514 von den Verbündeten nach starker Gegenwehr erobert. Die Burg blieb etwa 20 Jahre bis 1534 in Trümmern. Ihr Wiederaufbau erfolgte 1534-35 durch Hicko den Jüngeren. Haro Joachim von Closter wandelte die Burg 1698 in ein barockes Wasserschloss um und verzierte die 1534 erbaute Vorburg im Jahre 1707 mit einem Turm. Über dem Tor der Vorburg befinden sich die Wappen der Cankenas und von Ewsum, darunter die Worte (übersetzt): „Ist Gott für uns, wer mag wider uns sein? Diese Burg stellten Hikko von Dornum und seine Gemahlin Adda von Ewsum wieder her im Jahre 1535."

Familienwappen der Erbauer

Die Norderburg wurde 1698 bis 1706 von den Herren von Closter als repräsentatives Wasserschloss in barocke Formen großzügig ausgebaut. Ein breiter Dreieckgiebel mit dem Relief der Pallas Athene prangt über dem Eingang. Man kommt durch ihn auf einen kleinen Innenhof und blickt auf eine spätbarocke Schauwand, deren Portal ins Innere des Schlosses führt. Im Erdgeschoss befindet sich der Rittersaal mit einer hübschen umlaufenden Galerie; als Brüstung dient ein durchbrochenes Rankengitter aus Akanthus. Die Decke zieren figürliche und dekorative Malereien mit einer mythologischen Darstellung (Demeter). Zwei große Gemälde zeigen Mauritz von Closter und seine Frau Almet aus dem 17. Jahrhundert. Im Schloss befindet sich heute die Kreisrealschule, und Besichtigungen sind nur zu bestimmten Zeiten möglich.

Innenhof mit spätbarocker Schauwand

Norderburg Dornum, Torhaus

Burg Fischhausen

Burg Fischhausen

Im Norden des Jeverlandes, in der Nähe von Wüppels, liegt das kleine Schloss Fischhausen, eins der wenigen Herrenhäuser des Jeverlandes von geschichtlicher Bedeutung. Aus einem alten Steinhaus entstand 1578 das zweistöckige Wohnschloss mit dem Zwiebelturm, erbaut 1578 durch Boing von Waddewarden. Es sollte ein Wohnhaus sein, keine Burg. Boing von Waddewarden, einer der angesehensten Männer des Jeverlandes hatte Fischhausen geerbt. Da der Vorbesitzer Ricklef von Fischhausen nur einen unverheirateten Sohn hatte, der 1550 verstarb, kam die Besitzung an ihn,

Treppenturm von 1578

Portal von 1690 (Muschelbekrönung)

Zugbrücke

den Sohn von Ricklefs Schwester. Boing besaß im Jeverland außer Fischhausen noch zwölf Landstellen und nebst Anteilen an weiteren zusammen über 300 Hektar Marschenland. Nach Boings Tod kam Fischhausen an seinen Schwiegersohn, den Freiherrn von Schwartzenberg. Darauf ist der reiche Besitz rasch zersplittert.

Die Burg stellt den schönsten Renaissancebau zwischen Ems und Weser dar. Dieses wertvollste Baudenkmal war um 1975 in wahrhaft letzter Minute vor dem Zusammenbruch durch Privatinitiative gerettet worden. Der zweigeschossige Bau mit Werksteingliederung und Muschelbekrönungen über den Fensterstürzen besitzt vor der Mitte der Fassade einen achteckigen Treppenturm mit einem Portal, das auf das Jahr 1578 datiert ist. Nach Bauuntersuchungen ist der linke Gebäudeflügel erst später mit einem zweiten Portal im rechten Flügel, das auf das Jahr 1690 datiert ist, erbaut worden von Drost Lüdeke von Weltzin, der 1689 Fischhausen erwarb.

1982 erwarb Volker Schiersch Fischhausen, der die Burg aufwendig restaurieren ließ.

Zugleich wurde die frühere Zugbrücke wieder hergestellt. Der parkartige Garten mit seinem alten Baumbestand bildet einen würdigen Rahmen für den schönsten Renaissancebau im Lande.

Schloss Gödens

Der gelehrte Prediger Harkenroht berichtet um 1720, dass Häuptling Edo Boying I. in Gödens eine Burg besessen haben soll, die 1514 von den Braunschweigern, Sachsen und Oldenburgern zerstört worden war. Nördlich von diesem alten Burgplatz, nicht weit von der Warf Alt-Goedens, baute sich dann 1517 Hicco von Oldersum, der Erbe und Schwiegersohn, ein neues Schloss. Dieses brannte 1669 ab. 1671 wurde es von dem Freiherrn Haro Burchard von Frydag in seiner jetzigen Form wieder aufgebaut. Durch Einheirat geriet die „Herrlichkeit" 1746 in den Besitz der Grafen von Wedel.

oben Schloss, unten Vorburg mit wappenhaltendem Löwen

Mittelrisalit

Der Zweiflügelbau stellt neben Schloss Dornum das bedeutendste Barockschloss und in seiner Geschlossenheit einschließlich der bewahrten barocken Fensterordnung das schönste Barockschloss in Ostfriesland dar.

Der Zugang zum Schlossgelände erfolgt durch ein großes backsteinernes Rundbogentor mit Dreieckgiebel. Die vor dem Tor befindliche Brücke war ursprünglich als Zugbrücke konstruiert. Über eine zweite Brücke wird die Vorburg erreicht, ein lang gestreckter, von

Familienwappen

Laubengang im Park

Rosen umrankter Backsteinbau. Die dritte zum inneren Schlosshof führende Brücke wird von zwei wappenhaltenden Löwen bewacht. Zwischen den zwei Flügelbauten erhebt sich ein imposanter Treppenturm. Der Westflügel besitzt ein repräsentatives Portal mit einer Freitreppe, Statuen und Dreieckgiebel.

Udo von Alvensleben, promovierter Kunsthistoriker, Besitzer von Schloss Wittenmoor (Altmark) schrieb seinen Eindruck 1955 so: „Der riesige, dramatisch bewegte Wolkenhimmel des Küstenlandes, von wechselndem Sonnenlicht farbig belebt, die Schätze des Inneren, die Patina der Backsteinfronten und Dächer, der Blumenreichtum des Parks. In Gödens sieht man sich den Vorfahren ständig konfrontiert."

Georg Graf von Wedel (2014 verstorben) veranstaltet seit einigen Jahren einmal im Frühsommer eine romantische „Landpartie Schloss Gödens". In den alten Stallungen und Remisen, in der Orangerie und in dem ausgedehn-

Eingangshalle

Eingangshalle mit Kamin

ten Park präsentieren ausgewählte Handwerker und Künstler, erfahrene Gärtner und Händler hochwertige Produkte; ebenso noch einmal in der Adventszeit einen stimmungsvollen Weihnachtsmarkt. Hier haben Besucher dann auch die Möglichkeit, das Schlossgelände mit der Vorburg, die Orangerie und einige der historischen Innenräume des Schlosses zu besichtigen. In der Eingangshalle hängen die Bilder der Frydags und ihrer Nachfolger, der Grafen Wedel sowie ein Bild Kaiser Leopolds I., der dem Schlossherrn Haro Burchard von Frydag seine besondere Gunst zuwandte. Die Wände des Rittersaals zieren allegorische Darstellungen, u. a. Deukalion und Pyrrha, der Sturz des Ikarus, Odysseus bei den Sirenen.

Im weitläufigen Schlosspark kann man aber jederzeit spazieren gehen und wasserumgeben, eingebettet in einen Kranz alter Bäume, das schönste der alten friesischen Schlösser bewundern.

Prunksaal

Schloss Gödens

Osterburg Groothusen

Groothusen gehört wahrscheinlich zu den ältesten Wohnplätzen in der Krummhörn. Bei dem Ort ergab eine 1955 durchgeführte Grabung, dass Groothusen schon um 800 n. Chr. als Handelsplatz an der später verlandeten Sielmönker Bucht angelegt worden war. Bereits im frühen Mittelalter war er Sitz einer münsterschen Propstei. Im 14. Jahrhundert befanden sich dort drei Burgen, die Oster-. Middel- und Westerburg. Sie wurden in den Fehden um 1400 und 1432 von den Hamburgern zerstört. Zu dieser Zeit gehörte die Burg der Häuptlingsfamilie Allena. In der Nachfolge kam der Besitz an die Häuptlingsfamilie Beninga und im 18. Jahrhundert an die aus Holland stammende Familie van Wingene. Im 19. Jahrhundert gelangte die Osterburg

Brücke mit wappenhaltenden Löwen

durch Einheirat an die im Rheiderland ansässige Familie Kempe.

Die Osterburg ist ein Steinhaus vom Typ zweigeschossiger Saalbau aus der Zeit um 1490. Bei einer Länge von 23,70 m und einer Breite von 8,90 m beträgt die Traufhöhe 8,00 m. Es handelt sich hier um den Nachfolgebau des im Jahre 1400 von den Hamburgern zerstörten Turmhauses. Das Steinhaus wurde bereits 1547 um zwei jeweils knapp 10 m lange, eingeschossige Seitenflügel erweitert. Hiervon ist der unterkellerte Ostflügel noch bewahrt. Diese U-förmige Gesamtanlage war sehr wahrscheinlich durch eine Mauer mit einem Torbauwerk (bis 1740) zu einem geschlossenen Hof ausgebaut worden. An der Stelle des Torhauses wurde 1770 eine Brücke errichtet, die 1864 unter Bewahrung der wappenhaltenden Löwen erneuert wurde.

Eine Gemäldegalerie im Ahnensaal im Obergeschoss vermittelt besonders anschaulich die Tradition dieses Hauses und ihrer Besitzer. Ihre Porträts über eine Zeitraum von 400 Jahren sind hier zu sehen. Weitere Ausstellungsstücke sowie die Bibliothek zeigen die Wohn- und Lebenskultur einer ostfriesischen Häuptlings- und Landadelsfamilie. Die Familie Kempe bewohnt die Osterburg inzwischen in der

Lindenallee

Weibliche Barockstatue

Barockskulptur eines Flötenspielers

fünften Generation und gewährleistet durch hohen persönlichen Einsatz den Erhalt dieses Bau- und Kulturdenkmals. Gäste in Gruppen werden nach Anmeldung gern geführt und dürfen im Inneren die goldledernen Tapeten, den Rokokokamin und den Festsaal bestaunen. Auch eine Bewirtung im Café, neu eröffnet, im Schatthaus ist neuerdings möglich.

Ein eindrucksvolles Gartenelement aus dem 18. Jahrhundert ist die 240 m lange Lindenallee an der Ostseite des Anwesens, welches vollständig von einer breiten Graft umgeben ist. Aufgrund der Besitzsituation war ein Bezug auf das Portal des Steinhauses nicht herstellbar. Dennoch dient sie bei besonderen Anlässen als repräsentative Auffahrt. Die Barockskulptur eines

Ostseite mit Graft

Flötenspielers bildet den Blickpunkt am nördlichen Ende der Allee. Eine weibliche Barockstatue an der Südseite spiegelte sich einmal in einem Teich, dem ehemaligen Reststück der zweiten äußeren Graft, welche leider verlandet ist.

Ahnensaal mit Gemäldegalerie

Wasserburganlage Burg Hinta mit Kirche

Burg Hinta in Hinte

Das schöne Ensemble von Kirche und Burg, in dieser Form einmalig in Ostfriesland, vermag in der Einheit von Wasserburg, Wirtschaftsgebäuden, der gotischen Propsteikirche und den Gartenanlagen ein eindrucksvolles Bild eines Häuptlingssitzes widerzuspiegeln.

Die von Gräften umgebene Vierflügelanlage ist die einzige erhaltene Häuptlingsburg Ostfrieslands. Der Zugang erfolgt auf der Ostseite über eine Zugbrücke, die von zwei wappenhaltenden Löwen bewacht wird. Ursprünglich waren sie die Wächter des Tores der Hane-

Zugbrücke an der Ostseite – Zugang zum Innenhof

burg in Upgant-Schott und sind erst in jüngerer Zeit nach Hinte gekommen. Der linke Löwe zeigt noch das Wappen der Familie Hane, der rechte Löwe das der Familie von Frese. Ein ursprünglich freistehendes Portal, das zwei gegeneinander gestellte Treppengiebel miteinander verbindet, bildet den Zugang zum Innenhof. Die Vorburg besteht aus zwei landwirtschaftlichen Gebäuden, Gulfhäusern, in deren Mitte auf einer Rasenfläche ein schönes altes Taubenhaus auf einem steinernen Sockel steht. Taubenhäuser waren bis 1848 dem Adel vorbehalten.

Der eingeschossige Westflügel ist bald nach 1436, dem Jahr der Zerstörung des Turmhauses, errichtet worden. Es wurde wahrscheinlich durch die Hamburger zerstört, weil der Besitzer, wie so viele Häuptlinge im Friesenland den Seeräubern Unterschlupf gewährt hatte. Dieses Steinhaus, auch Langhaus oder Saalbau bezeichnet, ist ca. 10 m breit, 35 m lang und 17 m hoch. Ein mit Wappen geschmückter gotischer Treppengiebel ziert die Südseite. Dieses lang gestreckte Steinhaus enthält den Rittersaal, auch als Ahnensaal bezeichnet. Im angrenzenden Südflügel ist noch das Gewölbe des Untergeschosses des einstigen Turmhauses erhalten.

Über die frühen Burgbesitzer ist wenig bekannt. 1546 starb Junker Ommo (Omko) Ripperda; an ihn erinnert im Chor der Kirche ein bedeutendes Grabdenkmal der Renaissance. In der Nachfolge gelangte die Erbschaft Hinte an die Familie von Frese, die aus der Grafschaft Hoya stammte und die Burg heute noch bewohnt. Leider ist die Burg, da Privatbesitz, nicht zugänglich. Von der Vorburg aus hat man aber einen guten Blick auf die sich in einem Wassergraben spiegelnde Burganlage.

Das Jeversche Wahrzeichen – der barocke Zwiebelturm

Schloss In Jever

Die Lage der Stadt auf einer in die Marsch vorspringenden Geestzunge wurde in alter Zeit durch die Nähe des Meeres begünstigt. Während die Jade heute 15 km entfernt fließt und durch kein schiffbares Tief mit Jever verbunden ist, legten einst die kleinen Kauffahrteischiffe zu Füßen des Stadthügels bei der Schlachte an, bis Hooksiel 1583 die Rolle des Hafens von Jever übernahm.

In schwieriger Zeit – schwere Sturmfluten hatten die Deiche zerrissen, die Oldenburger Grafen lagen beutegierig auf der Lauer – wählten die Rüstringer 1354 Edo Wiemken d. Ä. zum Häuptling „hovetling in den verdendele to dem bante boven Jade". Er führte umfangreiche Bedeichungsarbeiten an der Maadebucht durch, und zur Sicherung seines Herrschaftsbereiches erbaute der energische Edo drei Burgen. Von der 1383 erbauten Edenburg (Sibetsburg) regierte er das Land. Schon 1359 wurde von ihm die Friedeburg südlich von Jever erbaut. Einmal sollte sie zu Schutz seines Herrschaftsbereiches gegenüber den benachbarten ostfriesischen Häuptlingen dienen, zum anderen die Oldenburger Grafen abwehren. Zum gleichen Zweck wurde die Burg in Jever erbaut. Diese wurde kurz nach ihrer Fertigstellung um 1398 von Widsel tom Brok, einem seiner Hauptfeinde, angegriffen und zerstört. Edo ließ es geschehen, da er um die Zeit in große gewinnbringende Geschäfte mit den Seeräubern verwickelt war. Er starb 1415 in hohem Alter. Sein Nachfolger Sibet fiel in Östringen ein und ließ sofort die Jeverburg wieder aufbauen; er erweiterte sie durch die Vorburg und setzte seinen Halbbruder Hajo Harlda (1417) als „Statthalter" in Jever ein. Sibets Erzfeind, Ocko tom Brok, zwang ihn jedoch zur Übergabe der Burg und zur Verzichtserklärung auf Östringen und Wangerland (1420).

Schlosspark im Frühling

Schloss Vorderseite

Grabkapelle, die Fräulein Maria 1556 über dem Grab ihres Vaters Edo Wiemken errichten ließ, 1561-64 in der Werkstatt des Cornelius Floris in Antwerpen entstanden

Seit 1793 war Katharina II. von Russland Regentin von Jever.

Durch den Abfall seines Feldhauptmanns Focko Ukena geriet Ocko tom Brok jedoch in arge Bedrängnis. Sibet fand in Focko einen willkommenen, treuen Bundesgenossen, zumal er dessen Schwiegersohn geworden war. Auf den „Wilden Äckern" bei Upgant fielen 1427 beide über Ocko tom Brok her. Die mörderische Schlacht endete mit der Gefangennahme Ockos und der Zerstörung seines Stammsitzes, der Burg Broke (auch Oldenburg) bei Engerhafe. Sibet übernahm wieder die Herrschaft und ließ die teilweise zerstörte Jeverburg erneut aufbauen und weiter verstärken. Der mächtige runde Bergfried, auf einem Granitquadersockel von Hajo Harlda 1428 errichtet, stammt aus dieser Zeit. Hajo Harldas Enkel, Edo Wiemken d. J., formte das Steinhaus in ein Schloss um, das Fräulein Maria von Jever weiter ausbauen ließ. Obgleich sie sehr sparsam war, ließ sie den Festsaal des Schlosses

Audienzsaal mit Kassettendecke und Ledertapeten

vom angesehensten Künstler jener Tage, Cornelius Floris, gestalten. Die reich geschnitzte Holzdecke ist in Deutschland einzigartig. Weitere Verschönerungen des Schlosses ließen die Fürsten von Anhalt-Zerbst, die Vorfahren der russischen Zarin Katharina

Galerie

der Großen, durchführen. Katharina verlebte einen Teil ihrer Kindheit auf dem Schloss Jever. Fürst Johann August gab 1730-34 dem Turm den hölzernen Aufbau mit der charakteristischen Barockkuppel. Seit 1886 dient das Schloss als Heimatmuseum und zeigt in 48 Räumen die Landesgeschichte des Jeverlandes, u. a. die Frühgeschichte, bäuerliche Kultur, alte und moderne Malerei, kostbare Gobelins, russische Fürstenbilder und als Höhepunkt den Audienzsaal mit einem Gemälde Katharina der Großen und der geschnitzten Kassettendecke von 1546.

Porträt Fräulein Maria v. Jever

Burg Kniphausen

Burg Kniphausen

Im heutigen Stadtgebiet von Wilhelmshaven an der Straße nach Fedderwarden verbirgt sich hinter alten Bäumen die Burg Kniphausen. Sie war einst Mittelpunkt eines deutschen Kleinstaates, welcher von Napoleon 1806 bei der Besetzung der Nordseeküste übersehen worden war. Der kleine Hafen von Kniphausen blieb unbewacht, weil er als neutral galt. Gegen gutes Geld verkaufte der Landesherr Graf Wilhelm von Bentinck fremden Schiffseignern

Burg mit Treppenturm

das Recht, auf ihren Schiffen die Kniphauser Flagge zu setzen. Sie galten dann als neutral und wurden von den Franzosen nicht aufgebracht. Als der große Korse endlich verwundert gefragt haben soll, wo denn dieser souveräne Staat zu finden sei, bekam er zur Antwort: „Dort, wo der Fliegendreck auf der Karte ist, Sire."

Die Herrschaft Kniphausen war einer der kleinsten Zwergstaaten Deutschlands. Hier gründete der Butjadinger Lübbe Onneken an der Maade 1420 seinen Häuptlingssitz und baute ihn gegen 1438 zu einer festen Burg aus. Nach seinem Tode erhielt sein Neffe Fulf von Innhausen von seinem Vetter Iko auch Kniphausen. In dieser Zeit muss die Anlage so stark befestigt gewesen sein, dass sie 1508 anstürmenden Bremern und Hamburgern erfolgreich widerstand. Am 12. Mai 1514 fiel

Vorburg Kniphausen

sie jedoch in der Sächsischen Fehde dem Herzog Heinrich von Braunschweig in die Hände. Vermutlich wurden hierbei die Gebäude zerstört. Am 9. Mai begann man mit der Schleifung der Wälle. Fulf ließ jedoch, nachdem er sich wieder der Burg bemächtigt hatte, die Anlage neu erbauen. Sein Sohn Tido setzte das Werk fort und stellte 1546 die Festungswerke in größerem Umfang wieder her. Die Oldenburger ließen sie dann 1666 weiterhin modernisieren.

Eine im 16. Jahrhundert entstandene Grundrissskizze zeigt im Zentrum der Gesamtanlage einen breiten Wassergraben, der zwei durch eine Brücke miteinander verbundene Inseln umschließt. Ihre Gebäude sind mit „Altem" und „Neuem Haus" bezeichnet. Ein zweiter schmälerer Wassergraben umgab die Vorburg und die Zweiinselanlage. Auf der Vorburg lagen die Wirtschaftsgebäude. Zusätzlich umringte ein breiter Wall das Ganze, der im Osten in eine feste Mauer überging. Der Stich in der Winkelmannschen Chronik von 1671 bestätigt den alten Grundriss. Die auf den beiden Inseln gelegene Hauptburg diente den Besitzern als Wohnung. Sie brannte 1708 unter der Dynastie Aldenburg-Bentinck ab. Das steinerne Gebäude der Vorburg blieb erhalten. Der schlanke an das Haus angebaute achteckige Treppenturm mit seiner Zwiebelhaube entstammt einer Bauperiode des 16. Jahrhunderts.

Im Haus sind zwei Rokokokamine erhalten. Der Südwall mit zwei Bastionen und das mit einem Wappen geschmückte Torhaus des 16. Jahrhunderts sowie die Reste der alten Außengrafte erinnern noch an die berühmt gewordene Vergangenheit Kniphausens. Die Burg ist während Kunstausstellungen und Konzerten geöffnet. Die urig-gemütliche Burgschenke öffnet nach Anmeldung für Gruppen ihre Pforten.

Die Haneburg in Leer

Das erste Burggebäude, ein Turmhaus, erbaute um 1550 Claes Frese, Drost von Leerort. Seine Enkelin heiratete Joest Hane. Er ließ 1621 ein neues Haus erbauen. Es ist der heutige Südflügel mit dem Treppenturm, durch den man in den Rittersaal gelangt. Die aus Backsteinen erbaute zweigeschössige Burg hat ungewölbte Keller. Die Giebel zeigen einfache Renaissance-Formen. Über dem Einfahrtstor prangen zwei Wappen. Das linke zeigt einen Hahn, das andere einen Helm mit drei Federn. Die Inschrift auf einer Sandsteintafel lautet: „Anno 1621 hat Herr Joest Hane zu Werff, Lihr und Uttum Haubtling und Adde Frise gebohren Dochter zu Hinte und Groothusen dis haus gebauwt." Der Sohn von Joest Hane, Diedrich Arnold ließ 1671 den westlichen Flügel

Westflügel mit Treppenturm

anbauen. Eine Freitreppe führt zum Portal hinauf. Über der Tür befindet sich eine Sandsteintafel mit einer Inschrift und zwei Wappen.

Von der Pferdemarktstraße aus führt eine lange von Birken gesäumte Zufahrt zur Burg. Vor dem Ehrenhof befindet sich eine alte Toranlage mit gemauerten Pfeilern und einem zweiflügeligen Eisentor. Auf den Pfeilern wachen wappenhaltende Löwen. Das linke Wappenschild zeigt einen Hahn und das rechte Wappenschild einen Löwen. Links darunter die Inschrift „Anno" und rechts „1741". Die Burg wurde um 1978 von der Stadt Leer renoviert und so der Nachwelt erhalten. Historische Innenräume gibt es nicht mehr. Sie wird heute als Sitz der Volkshochschule genutzt. Die ehemaligen Gartenanlagen bestehen vorwiegend aus Rasenflächen und veranschaulichen nichts von der früheren Gestaltung.

Haneburg

Die Harderwykenburg in Leer

Die Harderwykenburg gehört ebenfalls zum Turmhaustyp. Die Sage erzählt, dass dieses in alten Urkunden schon als ein „castrum nobile" bezeichnete Haus eins der ältesten „stinsen" (steenhusen, Burgen) des Landes, jedenfalls das allererste feste Haus in Leer gewesen sei. Als Bauherr wird in der Zeit um 1450 der Häuptling Hajo Unken angesehen. Nach ihm wurde das Steinhaus lange Zeit Unkenburg genannt. In alten Urkunden ist der Name Unken von einigen als „Uken" entziffert worden. Danach könnte es sich auch um ein Mitglied der Familie Ukena handeln. Durch Einheirat gelangte der Besitz an die Familie Harderwyk, die nicht lange Eigentümer war, aber die Bezeichnung Harderwykenburg hat sich bis heute gehalten. Danach ist die Burg durch verschiedene Hände gegangen. 1657 kaufte sie für 36.000 Gulden Joest Hane, der Neffe und Schwiegersohn des Besitzers der Haneburg. Er ließ sie erneuern. Seinem Sohn und Enkel gehörten beide Burgen; sie wohnten aber auf der wohnlicheren und schöneren Haneburg. Gegen Ende der Fürstenzeit hat der Enkel die Burg zwei älteren Damen, Verwandten seiner Mutter, den beiden Fräulein von Lüning, als Wohnung eingeräumt. Alle Jahre erschien einmal bei ihnen zu Besuch Carl Edzard, der letzte der Cirksena. Nach diesen beiden Damen wurde die Burg auch zeitweise Lüningsburg genannt.

Im Jahre 1788 wurde der Besitz von Carl Gustav Freiherr zu Knyphausen erworben, dessen Nachfahre Dodo Freiherr zu Knyphausen die Burg noch heute bewohnt, pflegt und erhält.

Harderwykenburg, Steinlöwen

Die Evenburg in Loga

Carl Woebcken, der friesische Heimatforscher, schrieb in seinem Buch „Friesische Schlösser“: „Graf Ulrich II. von Ostfriesland war ein weinseliger Herr. Sein Aufenthalt war vom Mittag bis zum Abend im Speisesaal. Hatte der Kanzler von Bobart ihm zuvor die Nöte des Landes geklagt, so hieß es hier, der Kanzler habe den Kopf voll Mäusenester, und die Sorgen wurden mit einem guten Trunk hinweggeschwemmt. Ein gern gesehener Gast war dem Grafen der Oberst Ehrentreuter, der aus niederländischen Diensten in seine über-

Evenburg mit Graft

Brücke und Wintergarten

getreten war. Ulrich verlor im Spiel an ihn große Summen und lieh auch sonst von ihm Geld, und um diese Schuld zu begleichen, belehnte er ihn mit den Dörfern Loga und Logabirum."

Wegen der günstigen Lage erbaute von Ehrentreuter an den Ufern der Leda das noch heute vorhandene Wasserschloss, das er nach seiner Gemahlin, Eva von Ungnad, Evenburg nannte. Oberst von Ehrentreuter, seit 1653 Freiherr, starb am 31.12.1664. Seine älteste Tochter heiratete den dänischen Generalfeldmarschall Freiherr von Wedel. Von Wedel ließ zur Zierde des schönen Schlossparks die ebenfalls noch vorhandene Vorburg erbauen. Die rundbogige Durchfahrt auf beiden Gebäudeseiten mit flankierenden Pilastern und einem Dreieckgiebel aus Sandstein, mit Wappen und bekrönenden Vasen wird am äußeren Giebel mit 1703 datiert. Über der Durchfahrt befindet sich ein barocker Dachreiter mit offener Laterne.

Auf der Hofseite ist ein Sandsteinportal mit 1650 datiert. Die Vorburg war nur als Zierde da, wobei Anlagen wie die von Lütetsburg und Berum wohl als Muster gedient haben. Aber während dort die Vorburg zum Schutz des Schlosses angelegt wurde, fällt dieser Zweck hier fort. Nie ist an eine Verteidigung gedacht worden. Nie war ein Wall zum Schutz aufgeschüttet. Auch die breite Graft um das Schloss war nur ausgehoben, damit es trocken läge und bei der Vorburg wurde ganz darauf

oben: Rückseite, unten:Treppenhaus

verzichtet. Sie ist das Tor zu einem repräsentativen englischen Landschaftspark. Das eigentliche Schloss liegt seitwärts von ihr zur Linken. Der Kern der barocken Anlage aus zweigeschossigem Hauptflügel und kurzen niedrigen Flügelbauten ist im heutigen, 1860 durch Conrad Wilhelm Hase neugotisch umgestalteten Bau, noch zu erkennen. Die ursprünglich von Zinnen bekrönte historische Fassade wurde im letzten Krieg schwer beschädigt und vereinfacht wieder aufgebaut. Nach Jahrzehnten der Vernachlässigung kam das Schloss 1975 in den Besitz des Landkreises Leer und wurde aufwendig saniert. Die ihres Schmuckes beraubten Räume des Schlosses wurden in ihrer ursprünglichen Fassung wiederhergestellt, so im Südflügel die Räume der Familie von Wedel, die anno 1860 dort wohnte. Im Nordflügel des Schlosses entstand ein Zentrum für historische Gartenkultur und erinnert an die einst bedeutendste Gärtnerei im Nordwesten, welche sich

Wintergarten (Glashaus)

Gemälde des Grafen Wedel im Eingangsbereich

auf dem Anwesen von Schloss Evenburg befand. Zu dem Komplex gehörten unter anderem fünf große Gewächshäuser, in denen auch Melonen, Ananas und Wein angebaut wurde. Das Schloss ist heute unter dem Slogan „Entdecke die Herrlichkeit" durch seine Freizeit- und Kulturangebote eine Bereicherung des kulturellen Lebens in Ostfriesland.

Schloss Evenburg Flur oben, Trauzimmer, Vorburg

Philippsburg, unten seitliche Vorburg

Schloss Philippsburg in Loga

Nicht weit entfernt von der Evenburg steht die Philippsburg. Hier hat der Erbauer sich völlig losgelöst von dem Grundriss der Häuptlingsburgen, vom Wassergraben, von der bisherigen Gliederung, von dem Tor mit Wappen und Inschrift. Seine Vorbilder stehen nicht in Ostfriesland, sondern in Berlin, Potsdam, Kopenhagen. Die Wirtschaftsgebäude der Vorburg stehen nicht mehr vor dem Schloss, sondern flankieren es. Der Schlosshof liegt frei, nur durch ein Gitter von der Straße getrennt.

In den 30er-Jahren des 18. Jahrhunderts hat Freiherr Philipp von Wedel das Schloss erbauen lassen und nach sich selber Philippsburg genannt. Ein Nachkomme, der frühere deutsche Botschafter in Wien, Graf Botho von Wedel, hat das Gebäude um ein Stockwerk erhöht. Seine Eigenart ist dadurch nicht verletzt worden.

Die Philippsburg ist der letzte größere Bau aus der Zeit vor 1744, da Ostfriesland noch selbständig war. Nach dem nüchternen preußischen Stil und der Nachahmung längst vergangener Bauarten im 19. Jahrhundert bedeutet die Philippsburg den natürlichen Abschluss in der Reihe der friesischen Schlösser. Das Schloss befindet sich in Privatbesitz und kann nur von außen besichtigt werden.

Schloss Lütetsburg

Der Überlieferung und Turminschrift nach soll die Burg schon im Jahre 1212 erbaut worden sein. Die ältesten Bewohner, die Manninga, waren reich begütert in Westeel im Brokmerland. Da dort Steinhäuser verboten waren, bauten sie sich ein solches auf dem hohen Sandrücken, wo die Gesetze des Brokmerbriefes nicht galten (Brokmer Willküren). Diese „Willküren" verboten bis etwa 1300 den Bau von festen Häusern, die höher als 12 Fuß und von Mauern und Gräben umgeben waren. Wahrscheinlich ließ Lütet I. Mitte des 14. Jahrhunderts die Burg erbauen. Von ihm erhielt dieses „Steenhus" auch seinen Namen. Jedenfalls fand sein Neffe, Lütet II., schon eine Burg vor, als er nach Verlust seines Stammhauses zu Westeel 1373 durch eine Sturmflut

Lütetsburg – Vorburg, Torhaus

Vorburg mit Graft

seinen Wohnsitz nach Lütetsburg verlegen musste.
Während die ältesten Nachrichten über dieses Geschlecht historisch nicht gesichert sind, tritt es mit Lütet III. in den Vordergrund der ostfriesischen Geschichte; dieser war mit einer Schwester Ulrich Cirksenas verheiratet und wurde in der Schlacht von Bargebuhr 1433 schwer verwundet. – In der Schlacht von Bargebuhr wurden die Häuptlinge Sibet Papinga von Rüstringen und Udo Fockena von Norden von den mit den Hamburgern verbündeten Brüdern Ulrich und Edzard Cirksena besiegt. Beide fanden den Tod. Edzard Cirksena wurde darauf Häuptling des Norderlandes. Die Schlacht bedeutete den endgültigen Sieg der im Friesischen Freiheitsbund von 1430 zusammengeschlossenen Häuptlinge und

Torhaus
Giebel mit Laterne

Schloss Vorderseite

Gemeinden gegen die Ukenasche Partei -.

In der sächsischen Fehde wurde die Burg durch die Landsknechte der „Schwarzen Garde“ zerstört. Unico Manninga, der bedeutendste Repräsentant des Geschlechtes, baute sie 1557-76 wieder auf. Er war Drost zu Emden, begründete das Fideikommiss (unveräußerliches und unteilbares Vermögen einer Familie) Lütetsburg, ließ die Goldtracht der friesischen Frauen in dem so genannten Manninga-Buch farbig aufzeichnen und nahm zahlreiche niederländische Glaubensflüchtlinge in Lütetsburg auf. Die einzige Tochter Unicos, Hyma, heiratete im Jahre 1581 Wilhelm zu In- und Knyphausen, der dann 1600 vom Kaiser in den Reichsfreiherrenstand erhoben wurde. Seitdem sind die Knyphausen bis heute im Besitz von Lütetsburg. Sie haben als die führenden Männer der ostfriesischen Ritterschaft

Familiengräber auf einer Insel im Schlosspark

Im Schlosspark

in der Geschichte des Landes, später in der europäischen und auch in der amerikanischen Geschichte eine Rolle gespielt. Bedeutendster Vertreter des Geschlechts waren der Feldmarschall Dodo I., ein Parteigänger Gustav Adolfs, der nach dem Tode des Schwedenkönigs bei Lützen die Führung übernahm und die Schlacht gewann – er fiel dann selber 1636 bei Haselünne – sowie der brandenburgische Kammerpräsident Dodo II., einer der Ratgeber des Großen Kurfürsten.

Lütetsburg ist auch durch seinen Park berühmt geworden, der Anfang des 18. Jahrhunderts als Barockgarten angelegt wurde und um 1790 durch den später zum Grafen ernannten Edzard

Mauritz von Knyphausen seine endgültige, völlig verwandelte Gestalt in Form eines englischen Parks erhielt. Er ist mit seinem wertvollen Baumbestand auch heute noch eine der großartigsten Parkanlagen Deutschlands.
Im 19. Jahrhundert wurde Lütetsburg zum sommerlichen Treffpunkt des höchsten deutschen Adels.

1900 wurde Graf Edzard von Knyphausen in den Fürstenstand erhoben. Er war von 1904 bis zu seinem Tode Präsident des preußischen Herrenhauses. Das 1677-79 von Dodo II. erneuerte Schloss galt bis 1893 als die Schatzkammer Ostfrieslands. Am 28. Dezember jenes Jahres geriet der Weihnachtsbaum in Brand und zündete die

Leinwandtapeten. Bis die Spritzen aus Norden und Hage heran waren, war der Brand schon so weit fortgeschritten, dass nur noch ein Teil des Schlosses gerettet werden konnte. Hunderte von wertvollen Gemälden holländischer Maler des 17. Jahrhunderts, wertvolle friesische und holländische Schränke, Tapisserien sowie die gesamten Rüstkammerbestände gingen verloren. Der für das ostfriesische Landschaftsbild allzu prunkvolle Neubau wurde bei einem Bombenangriff im 2. Weltkrieg in seinen Fundamenten schwer beschädigt und 1956 durch ein neues Großfeuer zerstört. Erhalten blieb nur die Vorburg des Unico Manninga mit dem später hinzugefügten barocken Torturm. Ein neuer Schlossbau, ein zweigeschossiges Viereck mit klaren Formen passt harmonisch in die Gesamtanlage. Auf einer Insel im Park liegen die Gräber der Familie von Knyphausen.

Schloss Neuenburg

Im Jahre 1446 übernahm Graf Gerd der Mutige die Herrschaft in Oldenburg. Im benachbarten Ostfriesland hatte zu dieser Zeit Ulrich Cirksena die Führung an sich gerissen. Es war zu befürchten, dass dieser ehrgeizige Häuptling versuchen würde, die 1428 an den Grafen Christian von Oldenburg verloren gegangene „Friesische Wehde" zurückzuerobern. 1462 sah sich daher Graf Gerd gezwungen, zur Verteidigung der Friesischen Wehde die Neuenburg als Gegengewicht zur nahe gelegenen ostfriesischen Friedeburg zu errichten. „Dat den Fresen de Bammel (= Keule) slahe!", soll er dabei geflucht haben, als er den Grundstein für den Schlossturm legte und seinen Handschuh in die Baugrube warf. 1577 erlebte das Schloss eine mehrtägige Friedenskonferenz, in der versucht werden sollte, die ewigen Grenzstreitigkeiten beizulegen. 1579 bis 1580 ließ Graf Johann das Neuenburger Schloss umgestalten. Der alte Turm verschwand, der linke Flügel wurde angebaut. Glanzvolle Empfänge und Festlichkeiten erlebte das Schloss unter Graf Anton Günther. Auch des Grafen Gestüte einschließlich des berühmten Apfelschimmels „Kranich" waren dort untergebracht. In all den Jahren blieb das Schloss von Angriffen und Zerstörungen verschont. Anton Günther starb 1667 in Rastede. Das Neuenburger Schloss vermachte er laut Testament

seiner Gemahlin Sophia Katharina. Mit deren Ableben 1696 ging die glanzvolle Epoche Neuenburgs zu Ende. Das baufällig gewordene Schloss wurde teilweise abgebrochen. Um 1700 bewohnte ein Landvogt die erhalten gebliebenen Räume. Von 1862 bis 1879 beherbergte Schloss Neuenburg eine Landwirtschaftsschule, ein Lehrerseminar und eine Haushaltungsschule folgten. Letzte Bildungsstätte war eine Landfrauenschule, die 1960 ihre Pforten schloss. 1967 entschloss sich die Gemeinde, die Gebäude unter großen finanziellen Opfern renovieren zu lassen. Es entstand ein Schmuckstück, eine Zierde des Ortes. Der schlichte, zweigeschossige Dreiflügelbau aus Backstein liegt am Ende einer vom Südteil des Marktes ausgehenden Allee. Die Wände zum Hof sind verputzt mit einem dort befindlichen Sandsteinwappen des Grafen Johann von Oldenburg von 1596. Im westlichen aus go-

Wappen Graf Johann d. J. v. Oldenburg

Neuenburg, Freilicht-, Heimatmuseum, Rauchkate

tischer Zeit stammenden Teil des Nordflügels ist die Schlosskapelle mit ihrem spitzbogigen spätgotischen Fenstern im Mauerwerk erkennbar. Im Untergeschoss ist ein Kindergarten untergebracht. Im 1. Stock befinden sich die Ausstellungsräume des Heimatvereins. Zum Schloss gehört das Heimatmuseum „Rauchkate“ mit einigen Gebäuden. Ein gepflegter Landschaftspark mit zum Teil bis zu 200 Jahre altem Baumbestand rahmt das Ensemble ein. Das Schloss kann von Gruppen nach Vereinbarung besichtigt werden.

Nordwestseite der alten Vorburg mit Graft in Pewsum

Manningaburg in Pewsum

Pewsum ist Mittelpunkt der Marschenlandschaft Krummhörn nahe Emden und wird schon in den Fuldaer Traditionen 945 und in den Werdener Urbaren um 1000 als Pewechem, nach anderen Überlieferungen schon um 850 erwähnt. Die „Alte Burg" wurde im 15. Jahrhundert von den Manningas erbaut, die Besitzer der Herrlichkeit Pewsum waren. Sie bewohnten rund 200 Jahre diese Anlage. Wahrscheinlich war es Focko, welcher um 1530 unmittelbar neben dem Altbau eine prächtig ausgestattete „neue Burg" erbauen ließ. Der Gesamtkomplex, bestehend aus der alten „Vorburg" und der neuen „Oberburg", war von drei Gräben umschlossen. Zwei zusätzlich als See-

Blick zum Innenhof

Innenhof mit Brunnen

zeichen dienende hohe Türme gaben der Anlage einen repräsentativen Anstrich. Der „Playboy" Heyko Manninga wirtschaftete die Burg derartig herunter, dass er sie seinem Hauptgläubiger, dem Grafen Edzard II., verkaufen musste. Edzards Frau Katharina, Tochter des Königs von Schweden, verschönerte das Schloss und hielt sich häufig auf dieser Anlage auf. Um diese Zeit herrschte reger prominenter Betrieb in Pewsum. Angehörige vieler Fürstenhäuser waren hier zu Gast.

Durch Katharina wurden Pewsum und zwei weitere Orte der sonst dem reformierten Glauben anhängenden Landschaft Krummhörn lutherisch. Maria, die bis zu ihrer Hochzeit auf der Burg lebende Tochter Edzards II. und Katharinas, wurde durch ihre Heirat mit dem

Torhaus

Schießscharten im Keller

Herzog Julius Ernst zu Braunschweig-Lüneburg zur Stammmutter zahlreicher europäischer Fürstenhäuser, unter anderem zur Ahnfrau der Königin Luise von Preußen und der Königin Viktoria von England.
1622 eroberten die Mansfelder Pewsum und im folgenden Jahr hielten sich Graf Mansfeld, der sich zeitweise mit dem Gedanken trug, eine Tochter des ostfriesischen Grafen Enno III. zu heiraten, sowie der spätere schwedische Feldmarschall Dodo von Knyphausen auf der Burg auf. 1634 weilte hier der Kurprinz Friedrich Wilhelm von Brandenburg, der spätere Große Kurfürst, auf der Durchreise von Berlin nach den Niederlanden. Die Burg war wiederholt Witwensitz der Fürstinnen von Ostfriesland, unter anderem von Christine-Charlotte, einer geborenen Württembergerin, die die Burg um einen prächtigen barocken Schlossflügel erweiterte und viel höfischen Prunk in Pewsum entfaltete. Bis 1716 sah die Burg häufiger den Landesherrn und viele fürstliche Gäste in ihren Mauern; dann verfiel sie schnell und wurde zum Teil auf Abbruch verkauft. Das alte Steinhaus wurde zu einer Vorburg umgebaut und durch ein Torhaus im Stil der niederländischen Renaissance mit so genannten Specklagen aus Sandstein ergänzt. Im 18./19. Jahrhundert kam der Westflügel dazu und wurden die Steilgiebel durch Walmdächer sowie Tür und Fenster des Hauptgebäudes durch neue ersetzt. Der Betrachter hat somit im Wesentlichen den Bauzustand nach 1800 vor Augen. In der Burg befindet sich ein Museum zur Häuptlings- und Burgengeschichte Ostfrieslands. Im Großen Saal werden Wechselausstellungen präsentiert.

Totenschilde und Türen von ehemaligen Kirchenbänken

Treppenaufgang zum Saal

Cirksena Mausoleum in Aurich

Das Mausoleum ist ein neoromanischer Zehneckbau mit Kuppelgewölbe, 1875/76 vom Auricher Maurermeister Gerhard Neemann erbaut. Es ist die Ruhestätte der Grafen- und Fürstenfamilie Cirksena von Ostfriesland. Im September 1880 wurden nachts bei Fackelschein die Särge in feierlicher Prozession aus der Gruft unter der Lambertikirche in das Mausoleum überführt.